Hadi Keşfedelim!
DÜNYA

TÜRKİYE İŞ BANKASI
Kültür Yayınları

Orijinal adı: Let's Explore - Our World

Copyright © Arcturus Holdings Limited
www.arcturuspublishing.com

Türkiye yayın hakları: © 2021, Türkiye İş Bankası Kültür Yayınları
Sertifika No: 40077
ISBN: 978-625-429-207-1 - Genel yayın numarası: 5637

Yazan: Claire Philip - Resimleyen: Jean Claude
Çeviren: Sevgi Atlıhan - Editör: Nevin Avan Özdemir

1. Basım: Ağustos 2022

Basım: FABRİKA BASIM VE TİC. LTD. ŞTİ
Göztepe Mah. İnönü Cad. No:74/A Mahmutbey-Bağcılar / İstanbul
Tel: 0212 294 38 00 Faks: 0212 294 39 40
Sertifika No: 47653

Bu kitabın hiçbir bölümü, yayıncının yazılı izni
alınmaksızın herhangi bir elektronik ya da mekanik yöntem kullanılarak
kopyalanamaz veya yayınlanamaz.

TÜRKİYE İŞ BANKASI KÜLTÜR YAYINLARI
İstiklal Caddesi Meşelik Sokak 2/4 - Beyoğlu 34433 İstanbul
Tel: (0212) 252 39 91 - Fax: (0212) 252 39 95
e-posta: info@iskultur.com.tr - www.iskultur.com.tr

İÇİNDEKİLER

Dünya Gezegeni 4
Uzaydaki Yerimiz 6
Dünya'nın İçi 8
Dünya Haritası 10
Yanardağlar 12
Depremler 14
Su Döngüsü 16
Yağmur, Rüzgâr ve Bulutlar . 18
Aşırı Hava Olayları 20
Dağlar 22
Nehirler 24
Yağmur Ormanı 26
Ilıman Ormanlar 28
Mevsimler 30
Çöller 32
Kuzey ve Güney Kutupları ... 34
Deniz Altı 36
Kıyılar 38
Şehirler 40
Gezegenin Geleceği 42
Test: Doğru mu, Yanlış mı? ... 44
Mini Sözlük 48

DÜNYA GEZEGENİ

Üzerinde yaşadığımız harika gezegen Dünya'ya Yerküre de denir. Dünya hem kendi çevresinde hem de Güneş'in çevresinde döner. Güneş'in çevresindeki turunu bir yılda, kendi çevresindeki dönüşünü ise 24 saatte tamamlar. Dünya kendi etrafında dönerken Güneş'e bakan bölümünde gündüz, arkada kalan bölümünde gece olur.

ULUSLARARASI UZAY İSTASYONU

Dünya yaşam için mükemmel bir gezegendir. Dünya'da canlıların nefes alabileceği hava, beslenebilecekleri yiyecekler, ısı ve ışık sağlayan güneş ışınları ve içilecek su bulunur.

Dünya'nın içinde sert ve yumuşak metal ve kayaç katmanları yer alır.

Yüzeyde kıtalar, kara ve okyanuslar vardır.

Dünya'da yaklaşık 8 milyar insan yaşamaktadır.

Dünya'nın etrafını saran gaz tabakasına atmosfer denir. Atmosfer bir battaniye gibi gezegeni korur.

UZAYDAKİ YERİMİZ

Dünya, Güneş Sistemi denilen gezegenler ailesinin bir parçasıdır.

Güneş Sistemi'nde Güneş'in çevresinde dönen yedi gezegen daha vardır.

Güneş'e en yakın gezegen Merkür'dür.

URANÜS

DÜNYA

Ay, Dünya'nın çevresinde döner.

AY

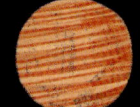

VENÜS

SATÜRN

Satürn, halkalarıyla ünlüdür.

NEPTÜN

JÜPİTER

MERKÜR

MARS

GÜNEŞ

Jüpiter, Güneş Sistemi'nin en büyük gezegenidir.

Dünya'nın ekseni hafif eğiktir. Bu nedenle Güney ve Kuzey Yarımkürelerde mevsimler farklı zamanlarda yaşanır. Güneş'e yaklaşan yarımkürede yaz mevsimi yaşanırken, diğer yarımküre aksi yöne doğru eğildiğinden orada kış olur.

DÜNYA'NIN İÇİ

Dünya'nın merkezinde iç çekirdek denilen sert bir bölüm vardır. İç çekirdek, demir ve nikelden oluşur.

İç çekirdek, Güneş'in yüzeyi kadar sıcaktır.

İÇ ÇEKİRDEK

DIŞ ÇEKİRDEK

Yumuşak bir katman olan dış çekirdek de demir ve nikelden oluşur, ancak burada metaller erimiş halde bulunur.

Every Dog Has Their Day

DOGS MEAT

Food Allergy Journal

Sonraki katmana manto ya da ateş küre denir. Gezegenimizin hacminin büyük bölümünü manto oluşturur. Üst manto plastiğe benzer bir yapı gösterirken, alt manto sıvı halde bulunur. Manto yüksek oranda erimiş demir, magnezyum ve kalsiyumdan oluşur.

YER KABUĞU

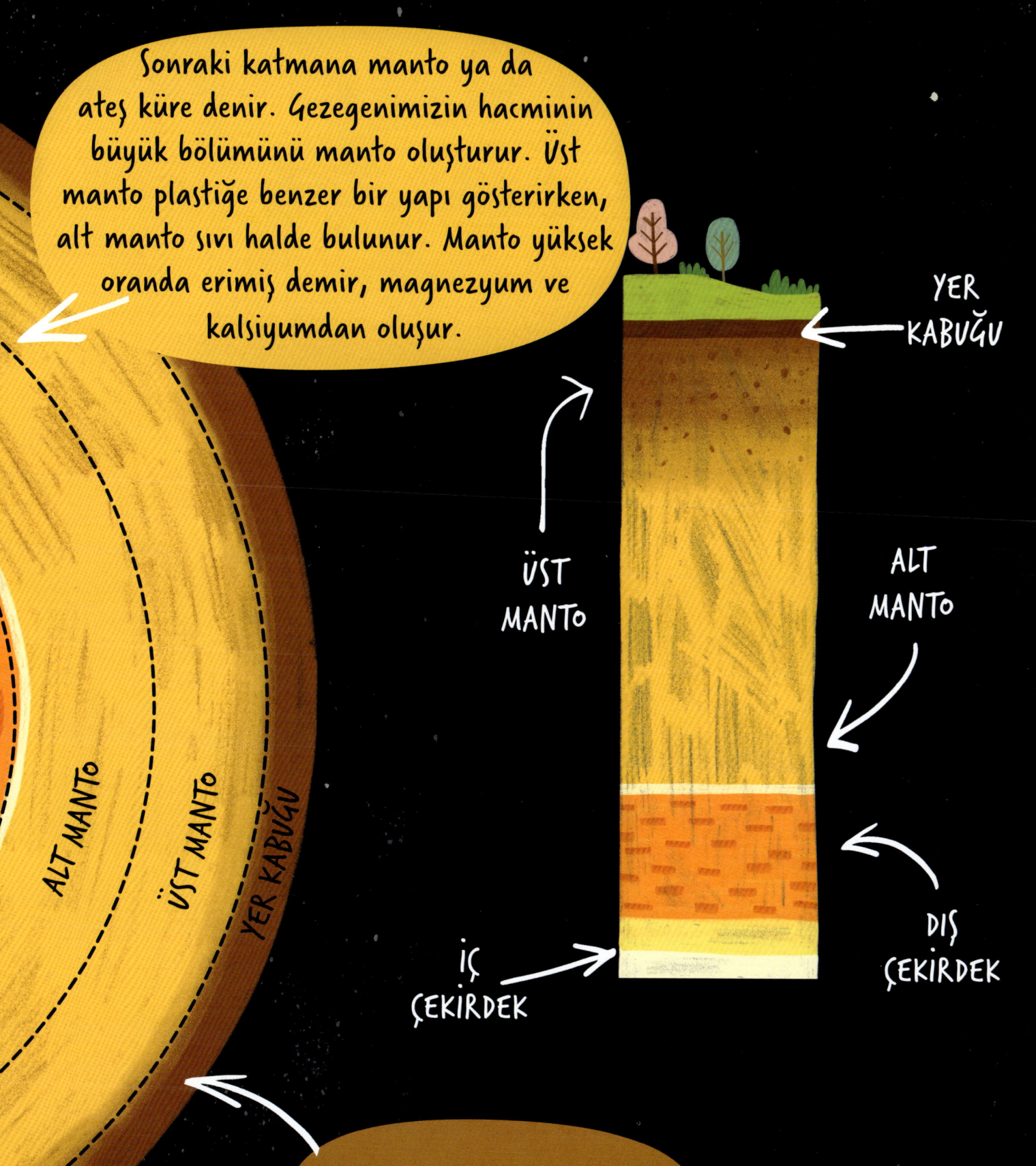

ÜST MANTO

ALT MANTO

İÇ ÇEKİRDEK

DIŞ ÇEKİRDEK

ALT MANTO

ÜST MANTO

YER KABUĞU

Yer kabuğu en ince tabakadır. Kıtalar ve okyanuslar bu katmanda yer alır.

KUZEY AMERİKA

PASİFİK OKYANUSU

Dünya'nın her yerindeki karalarda insanlar yaşar – köylerde, kasabalarda ve şehirlerde.

DÜNYA HARİTASI

Dünya'da okyanuslar, denizler, nehirler, göller, adalar ve kıta denilen yedi büyük kara parçası vardır.

ATLANTİK OKYANUSU

GÜNEY AMERİKA

Denizler ve okyanuslar gezegen yüzeyinin yarısından fazlasını kaplar.

ARKTİK OKYANUSU
(KUZEY BUZ DENİZİ)

AVRUPA

ASYA

Dünya'da yaşayan bütün insan topluluklarının kendi dili vardır. En yaygın konuşulan dil, Çincedir.

Aşırı hava koşullarının hakim olduğu yerlerde bile insan yerleşimleri vardır. Kutupta, yüksek dağlarda, yağmur ormanlarında ve çöllerde insanlar yaşar.

AFRİKA

OKYANUSYA

HİNT OKYANUSU

Dünya şaşırtıcı miktarda bitki ve hayvanın evidir. Hepsi de kendi habitatlarına (yaşam ortamlarına) mükemmel şekilde uyum sağlamışlardır.

ANTARKTİKA

YANARDAĞLAR

Yanardağlar yani volkanlar yerin derinliklerinde bulunan sıcak, erimiş kayaşlardan oluşan, basınç altındaki magmanın yeryüzüne çıkmasıyla meydana gelir. Bir yanardağ patladığında, magma yukarı doğru kabarır ve yanardağın ağzından lav olarak dışarı püskürür.

Lav yanardağın ağzından (krater) dışarı akar ve karşılaştığı her şeyi yok eder.

Yanardağlar deniz altında da meydana gelir. Bazı adalar yanardağ patlaması sonucu oluşmuştur.

Bazen yanardağın kraterinden zehirli gaz, kül ve kızgın kaya parçaları püskürür.

Bazı yanardağlar sönmüştür, yani aktif oldukları dönem sona ermiştir ve bir daha patlamazlar. Ülkemizde birçok sönmüş yanardağ bulunur.

DEPREMLER

Yer kabuğu, tektonik plaka denilen devasa kayaşlardan oluşur. Sıvı magma tabakasının üzerinde yer alan tektonik plakalar hareket halindedir ve sürekli birbirlerini iterler.

Bu hareketlerin sonucunda tektonik plakaların kesişme noktalarında yer kabuğunda kırılmalar meydana gelir ve deprem olur.

Bazı depremler çok küçüktür ve onları hissetmeyiz.

Bazı depremler ise çürük binaları ve ağaşları yıkacak kadar büyük sarsıntılara yol açabilir.

Eğer deprem okyanus dibinde meydana gelirse, tsunami denilen dev dalgalara yol açabilir.

Depremlerin sık meydana geldiği yerlerdeki okullarda, deprem sırasında korunmak için yapılması gerekenler öğretilir.

Dünya'nın bazı bölgelerinde çok sık deprem olur. Atlantik Okyanusu'nun ortasında yer alan Atlantik Ortası Sırtı, Alaska ve Japonya bu bölgelerden bazılarıdır.

SU DÖNGÜSÜ

Su döngüsü, suyun Dünya'daki hareketidir.

← YAĞMUR

KAR

Su döngüsü insan, hayvan ve bitkilerin hayatta kalabilmeleri için gereklidir.

Dünya'daki suyun çoğu okyanuslardadır. Bir bölümü de dağlarda ve kutup bölgelerindeki buzullarda ve kar yığınlarındadır.

Döngüdeki suyun bir bölümü yer altında göllerde ve su birikintilerinde kalırken, çoğu nehirlerle okyanuslara döner.

NEHİR

Su sonunda yağmur, kar ya da dolu olarak Dünya'ya düşer.

Minik su damlacıkları buharlaşarak havaya yükselir. Atmosferin üst tabakalarında biriken su samlacıkları bir araya gelerek bulutları oluşturur.

BUHARLAŞMA

OKYANUS

Güneş okyanus suyunu ısıtır ve yüzeydeki su çok küçük damlacıklara dönüşür. Buna buharlaşma denir.

YAĞMUR, RÜZGÂR VE BULUTLAR

Ne zaman dışarı çıksak hava olaylarıyla karşılaşırız.

Hava durumu uzmanları, hava haritaları üzerinde çalışır ve bu sayede hangi hava olaylarının gerçekleşeceğini tahmin ederler. Gelecek hava durumunu tahmin edebilmek için rüzgâr hızı, nem oranı ve bulutların tipi gibi özellikleri incelemeleri gerekir.

Dev, koyu renkli ve ağır bulutlar bol yağmur ve yıldırım getirir.

Alçak, battaniyeye benzeyen bulutlar çiseleyen yağmur getirebilir.

Hava durumu uzmanlarına meteorolog denir.

Hava durumu, Dünya'nın atmosferinde neler olduğuna bağlı olarak sürekli değişir.

Parçalı küçük bulutlar genellikle sakin bir havanın belirtisidir.

AŞIRI HAVA OLAYLARI

Bazı hava olayları şiddetli ve hatta tehlikelidir.

Bir fırtına bulutunun içindeki donmuş minik yağmur damlacıkları birbirleriyle çarpışmaya başladıklarında çok yüksek miktarda elektrik üretirler. Bu elektrik, yıldırım olarak toprağa akar. Bu doğa olayına şimşek fırtınası denir.

Sıkı durun! Çok şiddetli rüzgârların etrafı kasıp kavurduğu tropik fırtınalara kasırga denir.

Kasırgalarda yıkıcı rüzgârlar devasa bir alanda eser. Kasırganın ortasında 'göz' denilen, tuhaf bir şekilde sakin bir bölüm olur.

Hortumlar daire şeklinde esen şok güçlü rüzgârların oluşturduğu doğa olaylarıdır.

Dolu genellikle sıcak günlerde, gök gürültülü fırtınalar sırasında devasa bulutların içinde oluşur. Yağış sırasında top şeklindeki buz parçaları yeryüzünde büyük zararlara yol açabilir.

DAĞLAR

Yerküre'deki dağlar milyonlarca yıl önce oluşmuştur.

Bazı dağlar volkanik patlamalarla oluşmuştur. Volkanik patlama sonucu püsküren lav, patlama noktasının etrafında birikir ve soğuyarak katılaşır. Bu, defalarca tekrarlanır ve lavlar birikip katılaşarak devasa dağları oluşturur.

Diğer dağlar, Yerküre'nin tektonik plakalarının birbirlerini itmesi sonucu oluşur. Bir plaka diğerini iter ve yer yükselir.

Bazı dağlara çok fazla kar yağar. Bu dağlarda sık sık çığ düşmesi -yani büyük kar yığınlarının hızla yamaçlardan aşağı akması- görülür.

Dağ habitatları, altın kartal gibi birçok şaşırtıcı hayvanın evidir.

Birçok insan dağların eteklerinde yaşar. Ayrıca dağların güzelliği birçok ziyaretçiyi de kendine çeker.

NEHİRLER

Nehirler bir okyanus, deniz ya da göle dökülen ve büyük miktarda tatlı su taşıyan akarsulardır.

Nehirler yolculuklarına dağların ve tepelerin yoğun yağış alan yüksek noktalarından başlar.

Bazı nehirlerin kaynağı yer altı sularıdır.

Bir nehrin başladığı noktaya 'kaynak' denir.

Su her zaman yukarıdan aşağıya doğru akar ve karaların şekline göre kıvrılıp bükülerek, okyanusa ulaşana kadar aşağıya doğru akmaya devam eder.

Nehirlerde ve kıyılarında birçok hayvan yaşar. Nehirlerin okyanuslara döküldüğü yerler deniz kuşlarının en sevdiği bölgelerdir.

Binlerce yıldır insanlar yerleşim yerlerini nehirlerin kıyılarında kurmuşlardır. Suya yakın araziler çiftçilik için mükemmeldir. Ayrıca nehirleri, teknelerle mal ve insan taşımak için de kullanırız.

YAĞMUR ORMANI

Yağmur ormanları çok zengin tropik habitatlardır.

Yağmur ormanlarında inanılmaz miktarda hayvan ve bitki türü yaşar.

Yağmur ormanlarında hava sıcak ve nemlidir. Buralara yıl boyunca büyük miktarda yağmur yağar.

Yağmur ormanlarında insanlar da yaşar. Örneğin Papua Yeni Gine'deki yağmur ormanlarında yaşayan Huli kabilesi 250.000'den fazla nüfusuyla dünyanın en kalabalık kabilesidir.

Huli kabilesi üyeleri hâlâ geleneksel yaşam tarzını sürdürmektedirler. Ormandan topladıkları ve kendi yetiştirdikleri bitki ve meyveleri, avladıkları hayvanları yerler.

Yağmur ormanlarına gezegenimizin akciğerleri de denir. Bu ormanlar büyük miktarda oksijen üretirler – nefes alabilmemiz için gereken gazı.

ILIMAN ORMANLAR

Ilıman orman kuşağında iki tür orman vardır – sonbaharda yaprak döken ağaçlardan oluşan mevsimsel ormanlar ve yaprak dökmeyen ağaçlardan oluşan her dem yeşil ormanlar.

Mevsimsel ormanlar, yazın yeşil olan, her yıl havalar serinlemeye başladığında yapraklarını döken ve bütün kışı yapraksız geçiren ağaçlardan oluşur. Bu ağaçlara geniş yapraklı ağaçlar denir.

İlkbaharda, bu ağaçlar tomurcuklanarak yeni yapraklar verir ve tekrar yeşile bürünür.

Her dem yeşil ormanlarda ağaçlar mevsimlere göre yapraklarını dökmez.

Mevsimsel olarak yaprak dökmeyen ağaçlar genellikle iğne yapraklı ve kozalaklı ağaçlardır.

Ilıman ormanlarda geyik ve kara ayı gibi hayvanlar yaşar.

MEVSİMLER

Bir yılda dört mevsim vardır.

Soğuk kışın ardından ilkbaharda günler uzar ve hava ılımaya başlar. Bitkiler tomurcuklanır, yeni yapraklar verir ve çiçek açarlar.

Kışın hava soğuktur, çokça yağmur ve kar yağar. Etrafta çok az yeşil bitki vardır. Sadece yaprak dökmeyen ağaçlar ve çalılar kışın yeşil kalır.

Yazın hava diğer mevsimlerden sıcaktır ve ağaçlardaki çiçekler meyveye dönüşür. Ürünler olgunlaşmaya başlar. Bu mevsimde çok az yağmur yağar.

Dünya'nın her yerinde mevsimler aynı şekilde yaşanmaz. Ekvator'a yakın yerlerde çok soğuk kışlar ya da kar yağışı olmaz. Kutuplara yaklaştıkça da yazlar serinleşir. Hindistan gibi tropik bölgelerde aşırı yağışların düştüğü muson mevsimi yaşanır.

Sonbaharda yapraklar sararır, kahverengileşir ve dökülür. Havalar soğumaya başlar. Sonbaharın başında bütün ürünler olgunlaşmıştır ve çiftçiler yağmurlar başlamadan önce ürünlerini toplarlar. Meyvenin sebzenin en bol olduğu mevsim sonbahardır.

ÇÖLLER

Çöller çok az yağmur düşen, çok kuru alanlardır. Bazı çöller aşırı sıcak, bazı çöller ise aşırı soğuktur.

Suyun yokluğu hayvanların ve bitkilerin çöllerde yaşamasını çok zorlaştırır, ancak yine de buralarda birçok hayvan ve bitki yaşar. Bütün bu canlılar çöl koşullarına uyum sağlamışlardır.

Yaşam koşullarının zorluğuna rağmen çöllerde insanlar da yaşar. Örneğin göçebe Bedevi kabileleri en çok bilinen çöl sakinleridir. Çadırlarda yaşayan çöl insanları bir yerde uzun süre durmaz, sık sık yer değiştirirler.

Gezegenin en soğuk yeri olduğu halde Antarktika bile çöldür, çünkü oraya çok az yağış düşer.

Çöller, Yerküre'nin her yerinde bulunur. Afrika'daki Büyük Sahra, Asya'daki Gobi Çölü en büyük kum çölleridir.

Deve gibi uzun süre su içmeden ve beslenmeden mesafe katedebilen hayvanlar çölde hayatta kalabilir.

KUZEY VE GÜNEY KUTUPLARI

Kuzey Kutbu, Dünya'nın tepesindedir. Ekvator'dan Kuzey Kutbu'na kadar olan bölüme Kuzey Yarımküre denir.

Kuzey Kutbu'nda kara yoktur, bu bölge sadece buz ve karla kaplıdır.

KUZEY KUTBU

Güney Kutbu, Dünya'nın diğer ucundadır. Ekvator'dan Güney Kutbu'na kadar olan bölüme Güney Yarımküre denir.

GÜNEY KUTBU

Kuzey Kutbu çevresindeki bölgeye Arktik (Kuzey Kutup Bölgesi) denir. Arktik'te buz ve kar kaplı karalar da vardır.

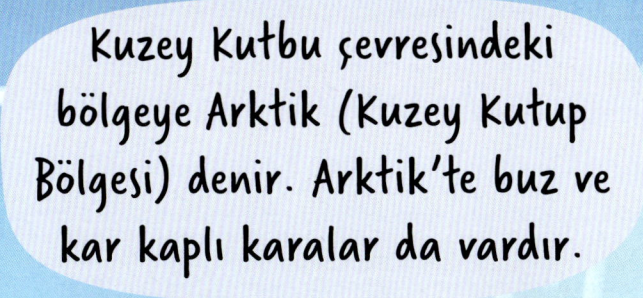

Arktik'te Inuit halkları yaşar. Inuitler geleneksel olarak kış ayları boyunca evlerini kar ve buzdan yaparlar. Günümüzde Inuit halkının çoğu, İzlanda gibi Kuzey ülkelerindeki insanların evlerine benzer kalıcı evlerde yaşamaktadır.

Güney Kutbu'nun çevresindeki bölgeye Antarktika denir. Bu bölgenin tamamı buz ve karla kaplı karadır ve Antarktika, Dünya'nın yedinci kıtasıdır.

Güney Kutbu'nda bilim insanlarının kaldığı küçük bir yerleşim vardır. Araştırma yapmak için Antarktika'ya giden bilim insanları bu tesiste kalırlar. Aynı zamanda gemilerle Antarktika denizlerinde araştırma yapan bilim insanları da vardır.

DENİZ ALTI

Yeryüzünün büyük bölümünü okyanuslar ve denizler kaplar.

Mercan resifleri sıcak denizlerde adaların kıyılarına yakın yerlerde bulunur. Mercan bir deniz canlısıdır.

Denizlerin sığ yerlerinde yerleşen mercanlar ömürlerini tamamlayınca kayaya dönüşürler. Bu kayaların üzerinde yeni mercanlar yaşar ve binlerce yıl boyunca aynı döngü devam ederek devasa kayalıklar oluşturur. Bu kayalıklara mercan resifleri denir.

Mercan resifleri, çekiş başlı köpek balığı ve palyaço balığı gibi ilgi çekici hayvanların evidir.

Mercan resiflerinin üst katmanı canlıdır. Sert mercanlar dış iskeletleri katı, minik canlılardır.

Mercanlar çok narin canlılardır. Hayatta kalabilmeleri için deniz suyunun temiz olması ve sıcaklığının korunması gerekir. Aksi halde canlı mercanlar ölür, kayalıkların renkleri değişir. Mercanlara yaklaşıp incelemek istersek, kesinlikle dokunmamamız gerekir.

KIYILAR

Karaların bittiği, denizlerin başladığı yerler kıyılardır.

Bazı kıyılar kayalıktır ve çakıl taşlarıyla kaplıdır. Bazı kıyılar ise kumludur.

Okyanus kıyılarında su seviyeleri gelgit yüzünden değişir. Ay ve Güneş'in çekim güçleri okyanus sularının çekilip yükselmesine neden olur. Gelgit okyanuslarda suyun metrelerce yükselip çekilmesine yok açar. Küçük denizlerde ise yükselip alçalma küçüktür.

Bazı kıyılarda kayalık yarlar vardır. Zaman içerisinde dalgalar bu kayalıkları aşındırır, kemerler ya da sütunlar şeklinde biçimlendirir.

Deniz yükseldiğinde, sahillerdeki kayalık çukurları doldurur ve küçük kaya havuzları oluşturur. Bu kaya havuzları doğal akvaryum gibi, deniz canlılarını gözlemleyebileceğiniz bir yerdir.

Bu minik kaya havuzlarında denizyıldızı, midye, yengeç gibi ilgi çekici deniz canlıları yaşar.

ŞEHİRLER

Dünya'nın her yanında insanlar şehirlerde, kasabalarda ve köylerde topluluklar halinde yaşarlar.

Şehirlerde ve kasabalarda insanların çalıştığı ve yaşadığı çok fazla bina vardır.

Şehirlerde çok yüksek binalar vardır. Çok insanın çalışabildiği ya da yaşayabildiği bu binalar büyüklüklerine oranla az arazi kaplar.

Binaların çoğu ev, dükkân, okul, hastane ve ofis olarak kullanılır.

Müzeler, restoranlar ve alışveriş merkezleri gibi eğlence için kullanılan yapılar da vardır.

Japonya'nın başkenti Tokyo, Dünya'nın en kalabalık şehirlerinden biridir. Bu ilgi çekici şehir, muhteşem teknolojik yapısı ve parlak ışıklarıyla ünlüdür.

Büyük kasabalar ve şehirlerde en önemli problem hava kirliliği ve çöplerdir.

GEZEGENİN GELECEĞİ

Yaşamak için gezegenimizin havasına, toprağına ve suyuna ihtiyacımız var; yani Dünya'ya iyi bakmamız çok önemli.

Arılar ve kelebekler gibi pek çok hayvan polenlerin çiçekten çiçeğe taşınmasını ve yeni tohumların oluşmasını sağlar. Böylece yeni bitkiler yetişir, bitki örtüsü canlılığını sürdürür.

Hayatta kalmak için çok fazla bitkiye ihtiyacımız vardır. Bitkiler nefes aldığımız oksijeni ve yiyeceklerimizi üretirler.

Bitki ve hayvanların yaşamak için kendi yerlerine ihtiyaçları vardır. Bu yerlerin korunması, sağlıklı ve temiz kalması için hepimiz çaba göstermeliyiz.

Çöpler bitki ve hayvan yaşamına ciddi zarar verir. Bu nedenle çöplerimizin geri dönüşüme gitmesine dikkat etmek çok önemlidir.

TEST: DOĞRU MU, YANLIŞ MI?

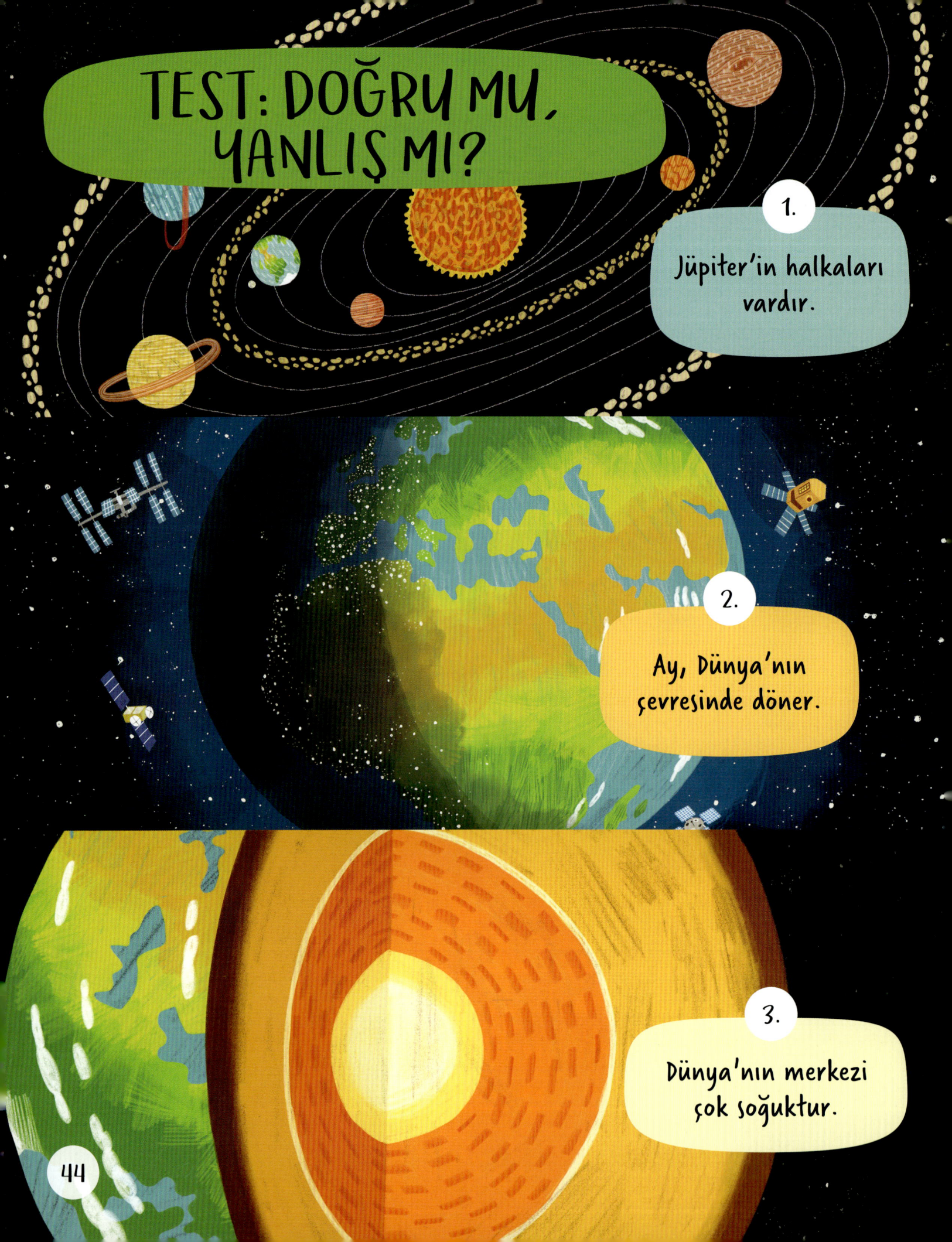

1. Jüpiter'in halkaları vardır.

2. Ay, Dünya'nın çevresinde döner.

3. Dünya'nın merkezi çok soğuktur.

4.

Denizler ve okyanuslar yeryüzünün yarısından azını kaplar.

5.

Dünya'daki en yaygın dil Çincedir.

6.

Bir yerde bir yanardağ varsa, o yanardağ mutlaka tekrar patlar.

45

TEST DEVAM

7. Güneş suyu ısıttığında buharlaşma gerçekleşir.

8. Dağlar sadece birkaç dakika içinde hızla meydana gelir.

9. Bir nehrin başladığı noktaya kaynak denir.

10. En sıcak havalar kışın görülür.

11. Çöller çok soğuk olabilir.

12. Kaya havuzları deniz yaşamını gözlemlemek için mükemmel doğal akvaryumlardır.

YANITLAR

1. Yanlış – Satürn'ün halkaları vardır. 2. doğru. 3. Yanlış – Dünya'nın iç çekirdeği, Güneş'in yüzeyi kadar sıcaktır. 4. Yanlış – okyanuslar ve denizler yeryüzünün yarısından fazlasını kaplar. 5. doğru. 6. Yanlış – Dünya üzerinde birçok sönmüş yanardağ vardır ve onlar asla patlamaz. 7. doğru. 8. Yanlış – dağlar milyonlarca yıl içinde oluşmuştur. 9. doğru. 10. Yanlış – yaz mevsimi en sıcak mevsimdir; kış en soğuk günlerin yaşandığı mevsimdir. 11. doğru. 12. doğru.

MİNİ SÖZLÜK

ATMOSFER: Bir gezegeni ya da yıldızı saran gaz tabakası. Dünya'nın atmosferinde yaşamımız için hayati olan oksijen vardır.

BUHARLAŞMA: Sıvıların gaz haline dönüşmesi.

BUZUL: Çok yavaş hareket eden büyük buz kütlesi.

ÇIĞ: Bir dağdan hızla düşen kar, buz ve taş yığını.

EKVATOR: Dünya'nın en şişkin yerinden geçtiği kabul edilen, hayali dairesel çizgi.

GELGİT: Ay'ın ve Güneş'in kütle çekimi etkisiyle denizlerin yüzeyinde görülen kabarma alçalma biçimindeki gündelik doğal olay.

GERİ DÖNÜŞÜM: Çöplerdeki maddelerin yeniden değerlendirilmesi.

GÜNEŞ SİSTEMİ: Güneş, Dünya, kuyruklu yıldızlar, asteroitler ve bazı gezegenlerin yer aldığı gök cisimleri grubu.

HABİTAT: Bir canlının doğal ortamı, yaşadığı yer.

KÂŞİF: Pek iyi bilinmeyen yerleri keşfeden kişi.

KAYNAK: Bir şeyin başlangıç noktası – örneğin bir nehrin.

KITA: Yeryüzündeki yedi büyük kara parçasından her biri, ana kara.

MERCAN: Sert dış iskeleti olan minik deniz canlıları. Sığ sularda koloniler halinde yaşar ve mercan resiflerini meydana getirirler.

SÖNMÜŞ YANARDAĞ: Artık aktif olmayan, lav ya da gaz püskürtmeyen yanardağ.

TEKNOLOJİ: İnsanların yaşamı ve çevreyi biçimlendirmek için geliştirdiği bütün araç ve gereçler.

TEKTONİK PLAKALAR: Dünya'nın magma tabakasının üstündeki bu devasa plakalar, yer kabuğunu oluşturur. Bu plakaların çukur kısımları sularla doludur (okyanuslar ve denizler), yüksek kısımları ise kıtaları oluşturur. Tektonik levhalar da denir.